AF229398

DISCOURS

PRONONCÉ

DANS LE TEMPLE DE MARS,

PAR L. BONAPARTE,

MINISTRE DE L'INTÉRIEUR,

Le 25 Messidor an 8, pour la Fête du 14 Juillet et de la Concorde.

DISCOURS

Prononcé dans le temple de Mars, par Lucien Bonaparte, Ministre de l'intérieur, le 25 Messidor an 8, pour la Fête du 14 Juillet et de la Concorde.

Citoyens,

L'expérience des siècles nous apprend combien les révolutions sont redoutables : leur action se compose de toutes les passions humaines ; la violence en est toujours l'élément principal ; et jusqu'à la fin de ces crises terribles, nul ne peut affirmer si leur commencement fut un bien.

Ce caractère est commun à toutes les révolutions : soit qu'une cause méprisable interrompe l'ordre accoutumé des empires, ou que cette interruption soit due à l'excès de la tyrannie et à l'élan de la liberté, la tempête n'en est pas moins effrayante ; elle n'en menace pas moins toutes les classes de la société.

Ce qu'apprend l'histoire des siècles, l'expérience de quelques années vient de nous le confirmer : *la vieillesse d'un corps politique ne peut pas se mouvoir sans un grand péril.* Cette profonde vérité est écrite aujourd'hui, par le malheur, sur le chaume de nos cabanes, comme sur les voûtes de nos palais.

En parlant au premier peuple de la terre, ma voix provoque cette réflexion conservatrice, parce qu'elle offre des idées dignes d'être émises l'anniversaire du 14 juillet 1789.

La première de ces idées est que les annales du monde ne retracent point de révolution plus louable dans son but, plus nécessaire aux hommes, plus auguste par la réunion rapide de tant de volontés, de tant de bras : aussi les philosophes qui ont illustré la fin de ce siècle, ont - ils tous appelé par leurs vœux un changement de système. L'injustice et l'oppression, l'ignorance et le fanatisme, le désordre et l'immoralité, régnaient encore dans le pays le plus éclairé de l'Europe :

c'étaient la médiocrité qui planait sur le génie, les ténèbres qui dominaient sur une région de lumières.

Un pareil état ne pouvait subsister : les traces de la décrépitude se mêlaient sur le front de la monarchie, aux traces d'une grandeur passée; tous les vices et toutes les fautes la pressaient à l'envi ; et *l'inexorable main des siècles poussait le trône vers la destruction.*

Alors les écrivains prophétisèrent la secousse politique qui devait ébranler l'univers; et ils élevèrent la voix pour que cette secousse, devenue inévitable, fût au moins utile à l'humanité.

La philosophie trouva toutes les ames préparées par l'excès des maux à recevoir son inspiration dernière : son souffle agissait avec lenteur depuis plusieurs années ; et l'on avait déjà vu, par son influence, des citoyens arriver au ministère, lutter contre les courtisans, et tour à tour emporter ou céder le triomphe.

Inutiles efforts de cet esprit réparateur qui brille quelquefois aux yeux des monarques, et leur désigne en vain le dernier moyen d'éviter un bouleversement que les monarques aveuglés croient impossible ! Inutiles efforts ! la révolution qui devait marquer la fin du siècle, approchait tous les jours.

Déjà les idées hardies, d'abord renfermées dans quelques têtes, saisissent toutes les têtes : les opprimés songent à leur force et comptent les oppresseurs.

Soudain le feu sacré jaillit, et parcourt toutes les veines du *corps politique ;* des millions de bras se lèvent ; le mot de *liberté* résonne de toute part...... La Bastille est conquise.

Je ne retracerai point tous les détails de ce jour à jamais mémorable qui fit naître dans tous les cœurs le même enthousiasme ; de ce jour où, des points les plus éloignés, les Français accoururent au milieu de la plaine voisine pour la même solennité qui nous réunit dans ce temple de la valeur. Cette grande époque de la confédération nationale nous rassemble pour la onzième fois sous les auspices de la liberté victorieuse. Les plus nobles pensées, les sentimens les plus élevés, les vœux les plus unanimes, consacrèrent la fondation de cette fête, et doivent accompagner son retour. Nulle image funèbre ne se mêle à son premier souvenir, car elle fut instituée au milieu de la joie, de la concorde et de l'espérance universelles. Les enfans de cette grande famille, placés entre les deux mers, le Rhin, les Alpes et les Pyrénées, se trouvèrent en présence pour la première fois : devant le monde et le ciel ils jurèrent tous ensemble de vivre et de mourir libres. Ils ne jurèrent point en vain; et les trois parties de la terre couvertes aujourd'hui de leur sang et de leurs trophées, savent comme ils tiennent leur promesse.

A l'heure où ce serment fut prononcé, un petit nombre d'hommes aveugles voulut résister : mais le temps prescrit était venu ; le peuple tout entier se précipita vers ses défenseurs, et fit pencher de tout son poids la balance où se pesaient ses destinées...... Arrêtons nos regards sur cet accord sublime : les mouvemens causés par les factions ou par les petits intérêts de ceux qui se disputent le pouvoir, ont-ils ce caractère solennel et sacré?

Mais, pourquoi faut-il que l'esprit humain, en déployant toute sa force, ne sache pas toujours la retenir? — La philosophie, qui

4

avait prévu la révolution, voulut la diriger. Que peut le pilote contre tous les vents déchaînés à-la-fois ? Plus d'une fois les amis de la patrie posèrent une digue qu'ils croyaient insurmontable, et que le torrent, bientôt après, entraînait dans son cours : découragés, les uns cédèrent à l'orage, d'autres expirèrent victimes de sa fureur ; et la liberté travestie, défigurée, devint tour à tour le jouet et l'idole des factions..... Alors les jours de deuil, alors les années funestes, alors les guerres intestines..... Ce temps appartient à l'histoire des fureurs humaines : qu'il reste bien loin de nos souvenirs !

Si la révolution la plus nécessaire, la plus favorable aux hommes, a vu tant d'événemens déplorables, combien cette grande leçon doit nous pénétrer d'un sentiment conservateur ! elle nous a coûté bien cher !... Dans les siècles à venir, qu'elle arrête le bras de quiconque pourrait encore penser, sans frémir, à des révolutions nouvelles.

Ainsi, en observant la marche des événemens qui séparent ce jour de celui dont nous célébrons l'anniversaire, nous trouvons, à chaque pas , des motifs pour craindre les secousses politiques : l'expérience de nos maux nous répète qu'on ne peut pas en prévoir le terme ; et cette observation nous ramène aux sentimens de la concorde dont nous célébrons aussi la fête. En effet, si le peuple le meilleur , le plus éclairé , fut entraîné par le tourbillon révolutionnaire , faut-il s'étonner que les hommes soient aussi faibles que les peuples ? Au milieu de ces tourmentes où tous les yeux sont couverts de ténèbres , sur cette mer orageuse qu'agitent de toutes parts des vents contraires , quelle main peut tenir le gouvernail avec fermeté ? Ni le vaisseau , ni les passagers , ni les pilotes eux-mêmes , ne reconnaissent la route qu'ils doivent parcourir ; on se rapproche , on s'éloigne , on se heurte au sein des tempêtes et de la nuit ; chacun s'arme et frappe au hasard ; on méconnaît quelquefois son allié le plus fidèle , pour marcher sous l'étendard de son ennemi : on ne s'aperçoit de ces méprises qu'au moment où les signaux salutaires se montrent à la clarté du jour ; et tous alors s'étonnent d'être si éloignés du port qu'ils voulaient tous atteindre. ——Dans ces époques, les erreurs, les fautes, les fureurs même, n'appartiennent qu'à la *démence des temps*, démence dont les individus ne sont point coupables, et dont nulle révolution ne fut, ne sera jamais exempte. Aujourd'hui le règne des erreurs et des divisions est passé : que sa mémoire périsse ! et que le sentiment philosophique et religieux de la concorde, qui fait le bonheur des États comme le charme de la vie privée, achève de remplir tous les cœurs !

La guerre intestine restera donc toute entière dans l'oubli ; mais elle vivra dans la postérité cette guerre étrangère de dix ans, où le génie et l'intrépidité ont brillé tout-à-la-fois. Ces quatorze armées de la République, combattant l'Europe, feront à jamais l'honneur du grand peuple, et l'admiration des peuples à venir. L'impéritie bouleversait tout au-dedans, le génie réparait tout au-dehors ; la fureur était dans le forum, l'héroïsme était dans les camps : la proscription agitait son glaive impitoyable sur nos campagnes ; et nos soldats, alliant l'humanité au courage, secouraient l'ennemi vaincu. — La liberté, par-tout voilée dans nos villes, n'était plus qu'une Euménide pour la nation gémissante ; mais les cris de victoire élevés sur toutes nos frontières, repoussaient au-dedans le gémissement des victimes, et nous dérobaient à la dérision du monde.—Les monumens qui décoraient nos cités, étaient mutilés ou menacés de la destruction ; et les chefs-d'œuvre de l'antiquité étaient conquis pour l'ornement de l'État ; nos temples se décoraient de drapeaux ennemis ; nos cabinets s'enrichissaient des statues, des tableaux, des manuscrits les plus rares de la Grèce et de Rome ; et au milieu des batailles, se préparaient ainsi d'avance les pompes et les plaisirs de la paix. — En un mot, la raison était exilée ; mais la victoire était fidèle. — Honneur, gloire sans bornes, aux quatorze armées de la République !

De tout ce qu'enfanta la révolution, ne conservons que la mémoire des grandes choses : c'est à l'excès des maux que nous devons son premier élan ; c'est au désordre inséparable de toutes les révolutions, que nous devons les crimes et les malheurs ; et ces crimes, ces malheurs ayant enfin rendu la nation à elle-même, c'est encore à leur excès que nous devons notre retour à la philosophie , qui depuis si long-temps demandait l'ordre de choses qu'elle vient d'obtenir.

Ainsi, après des obstacles sans cesse renaissans, nous nous retrouvons aujourd'hui au point que, depuis dix années, nous voulions atteindre. Aujourd'hui, la nation a repris les sentimens patriotiques et généreux des premiers jours de son réveil : un pacte sanctionné par son vœu unanime, a affermi, sur des bases solides, la liberté et l'égalité, conquises le 14 juillet 1789. L'Ouest pacifié est redevenu français. La liberté civile, le premier de tous les biens, garantie par un pouvoir judiciaire indépendant, donne à tous les citoyens le repos et la sûreté, sans lesquels il n'est point de patrie ; et comme si le retour au véritable patriotisme et à la concorde n'était pas encore assez pour le triomphe d'un si beau jour, il semble que, pour mieux l'embellir, la victoire ait voulu multiplier ses prodiges : la renommée les redit du haut des Alpes ; et ses cent voix, prolongées du Rhin à l'Éridan, et du Danube jusqu'au Nil, reviennent retentir avec plus de force sous ce dôme majestueux qui rassemble les chefs de l'État et les plus fameux de nos guerriers.

Les plus fameux de nos guerriers !... hélas ! *tous ne sont pas revenus triomphans !* ... la victoire ne les a pas tous préservés des atteintes de la mort !.... Français, à ces tristes paroles, vos regards se portent douloureusement sur l'urne funéraire qu'enveloppent les lauriers et les étendards.... Les héros morts au champ de bataille, furent toujours l'objet de la vénération des peuples ; mais ils deviennent des objets sacrés, lorsque la paix de la terre était le seul but des combats..... La tombe de *Desaix* est marquée de cet illustre caractère, ainsi que la place où le premier grenadier de la République est tombé sous la lance ennemie : leur mémoire traversera les siècles, et leurs noms rendront illustres les monumens qui obtiendront l'honneur de les porter.

O France, République cimentée par le sang de tant de héros et de tant de victimes ! que la liberté, d'autant plus précieuse qu'elle a coûté plus cher, que la concorde, réparatrice de tous les maux, soient à jamais tes divinités tutélaires ! Le 18 Brumaire a achevé l'ouvrage du 14 Juillet 1789 : *tout ce que le premier a détruit, ne doit plus reparaître ; tout ce que le dernier a édifié, ne doit plus se détruire.*

Et nous, sachons conserver les biens dont nous jouissons. Tous les écueils nous sont aujourd'hui connus : *la maîtresse* de tous les siècles et de toutes les nations, celle qui ne se trompe jamais, et que l'on ne dédaigne jamais impunément, *l'expérience* a placé tous ses flambeaux sur le chemin que nous venons de parcourir ; que leur clarté nous dirige sans cesse ! Français, portons avec orgueil le nom du grand peuple : que ce nom soit l'objet de l'amour et de l'admiration du monde ! que dans les siècles les plus reculés, les héros du 14 Juillet, les défenseurs et les soutiens de l'empire, soient offerts au respect de nos derniers neveux ! et que la République, fondée par leurs travaux, soit impérissable aussi bien que leur gloire !

À PARIS, DE L'IMPRIMERIE DE LA RÉPUBLIQUE. An VIII.